PRINCIPES
DE
GRAMMAIRE FRANÇAISE,

PAR

M. L. BRUN,
RÉPÉTITEUR.

C. BERTRAND,
PROPRIÉTAIRE-ÉDITEUR.

BÉZIERS,
IMPRIMERIE DE C. BERTRAND,
RUE ARGENTERIE, 13 ET 14.

ANNÉE 1854.

PRÉFACE DE L'ÉDITEUR.

Résumer en moins de mots possibles, tout en évitant d'être obscur, les règles de nos grammairiens ; abréger ainsi le temps consacré à l'étude de l'art de parler et d'écrire, tel est le but que se propose l'auteur.

Sans doute que l'élève abandonné à lui-même, pourrait trouver ces principes de grammaire française au-dessus de sa portée; mais aidé par les explications et les développements de son professeur, le jour se fera facilement dans son intelligence et ses progrés seront plus rapides.

L'auteur de ce travail a constamment suivi, qnelque fois même copié, les meilleurs ouvrages sur cette matière, et le seul succès qu'il ambitionne c'est d'être utile.

C. Bertrand, *propriètaire-éditeur*.

NOTIONS PRÉLIMINAIRES.

La grammaire en général est la connaissance approfondie de l'art de parler et de l'art d'écrire. La parole a été donnée à l'homme par Dieu, car l'homme ne parle que parcequ'on le lui a enseigné. Les idées étant attachées à des sons et à des articulations, les voyelles expriment les premiers et les consonnes les dernières, et la grammaire indique la marche invariable à suivre à ces sons pour rendre ces idées.

Le mécanisme de la parole le voici : le poumon, le gosier, le palais, les dents, les lèvres, l'air surtout, car sans la vibration de l'air point de son possible, la langue etc., se mettent en mouvement pour communiquer notre pensée à d'autres, après que nous avons pensé notre parole.

L'écriture est un art si ingénieux ! par elle la pensée prend un corps, nous conversons avec les absents, nous transmettons nos plaisirs et nos peines et nous héritons des travaux intellectuels de nos ancètres ; l'écriture n'est que la parole rendue plus durable ; de là l'axiome : les paroles volent, les écrits restent.

Le domaine de la grammaire était très étendu et très cultivé chez les anciens ; on comprenait sous ce nom : l'histoire et les belles lettres. Le mot grammaire vient de deux mots grecs *gramma technê* l'art des lettres.

Avant l'invention de l'écriture, on employait les traditions, on plantait un bois, on élevait un autel ou des monuments de pierre, on établissait des fêtes, on composait des cantiques. Les Chinois se servaient de cordelettes chargées d'un certain nombre de nœuds; d'autres peuples suppléaient à l'écriture au moyen de certains morceaux de bois entaillés diversement et dont ils fesaient usage pour passer leurs actes ou leurs contracts; c'est là l'origine des tailles des boulangers qui parmi nous sont encore une preuve de conviction reconnue par la loi.... d'autres peuples employaient la peinture; d'où peindre et écrire sont synonimes en grec.

On se servit aussi des hiéroglyphes, de *iéron* sacré, solennel, et *graphô* j'écris. Les Ethiopieus conservent encore l'écriture *syllabique* qui consiste à employer un caractère pour chaque son. Cette écriture n'est que la sténographie, d'où l'on voit que les Grecs avaient leurs sténographes; à Rome on les appelait *coureurs*; sous le consulat de Cicéron, Tiron affranchi, la mit en usage dans l'affaire de Catilina.

Il parait démontré que les Égyptiens sont les premiers qui aient employé des caractères; Plutarque a dit : que leur alphabet se composait de 25 lettres; les Chinois ont 137 mille caractères.

Les poëmes d'Homère et d'Hésiode fesaient déjà le charme et l'admiration de la Grèce, lorsque l'on commença à s'occuper des recherches sur la langue; mais on s'attachait plutôt à recueillir les expressions et les tours consacrés par l'usage, qu'à fixer les lois et les principes du langage par des réflexions suivies sur l'emploi des mots dans la manifestation de la pensée.

Aristote est le premier qui ait établi des divisions systématiques dans les mots... Les Stoïciens qui avaient pour chef Zénon et Cléanthe, s'occupèrent beaucoup de ce qui concernait l'étude des mots... Ce sont en grande partie les philosophes qui ont déterminé la valeur des mots; de là sans doute ce principe : les mots portent avec eux leur raison philosophique. Ainsi : Nicolas de *nikaô laos* vainqueur des peuples; Philippe de *philos ippos* ami du cheval; Tibère né près du Tibre, etc.

Aristarque qui florissait vers l'an 148 avant notre ère, effaça par sa réputation celle de tous les grammairiens qui l'avaient précédé ou qui vivaient de son temps. Sa critique était si judicieuse, que Cicéron, Horace et en général tous les savants se servent de son nom pour désigner un censeur d'un jugement sain, d'un discernement exact et d'un gout épuré.

Jules César au milieu du tumulte des camps et des intrigues de Rome a écrit un traité sur l'analogie des mots.

Pomponius Marcellus l'un des puristes les plus sévères de la langue latine reprit un fois une expression dans un discours que prononçait Tibère ; un vil flatteur nommé Atticus soutenait que le mot était latin ou que du moins il devait dès lors le devenir : l'assertion est fausse, dit le grammairien, vous pouvez, César, donner le droit de bourgoisie aux hommes, mais non pas aux mots.

De nos jours le sens du mot grammaire est plus restreint ; il ne s'applique qu'à l'art de parler et d'écrire correctement.

On distingue deux sortes de grammaire ; la grammaire générale et la grammaire particulière ; nous nous occuperons exclusivement de celle-ci dans ce travail, c'est-à-dire, de l'art qui applique les conventions de la langue française aux principes généraux, et nous la diviserons en deux parties : grammaire proprement dite et syntaxe. Mais avant disons un mot de la grammaire générale.

Par grammaire générale, on entend ces principes reconnus par tous les peuples pour exprimer la pensée; parmi ces principes généraux, trois sont communs à toutes les langues savoir: *l'abstraction*, *l'idiome*, *le néologisme*.

L'abstraction, du latin *abstrahere* séparer de ; en effet par l'abstraction on sépare le sens intellectuel du sens physique ; on distingue l'être de raison de l'être matériel, la spéculation en quelque sorte de la pratique : blancheur, vertu, probité sont des abstractions qu'on ne comprend qu'en leur rendant leur sens physique ; un mur blanc, un homme vertueux et probe.

L'idiome exprime une manière particulière de parler propre au génie d'une langue; il prend divers noms suivant les peuples qui l'emploient. L'idiome s'appelle en grec *Hellénisme*, en latin *Latinisme,* en français *Gallicisme* ; citons un exemple : *mon amie,* on devrait dire d'après les règles : *ma amie,* car *amie* est du féminn, en retranchant l'*a* pour éviter l'hyatus comme dans l'*amitié,* on aurait *m'amie,* mais au moyen d'un *Gallicisme* nous avons *mon amie.*

Enfin le *Néologisme,* de *néos nouveau logos mot, discours,* qui consiste à employer des mots nouveaux. Autrefois on se montrait très sévère pour enrichir la langue d'un néologisme; ainsi Corneille ne put jamais faire passer le mot *invaincu* et madame de Stael *Vulgarité* ; mais de nos jours les écrivains se montrent prodigues de ces sortes de créations qu'ils tirent soit des langues vivantes ou mortes, soit de leurs impressions personnelles ou de leur excentricité ; si bien que des auteurs français, écrivant en français ont presque besoin d'une traduction pour être compris ; *céphalalgie* pour mal de tête, *essorer* pour prendre son essort, *table-manie,* pour l'empressement à consulter les tables tournantes.

1re. PARTIE.

Dix sortes de mots composent le discours, c'est-à-dire, que dans la composition d'une phrase en français, il n'y entre que dix sortes de mots dont six sont variables et quatre invariables. Par variables, on entend ceux dont la terminaison change suivant le genre, le nombre, la personne, le temps et le mode ; ce sont : le *nom ou substantif, l'article, l'adjectif, le pronom, le verbe et le participe*..... par invariables, on entend ceux dont la terminaison reste toujours la même par ce qu'ils n'ont ni genre, ni nombre, ni personne, ni temps, ni mode ; ce sont : l'adverbe, la préposition, la conjonction et l'interjection.

Du *substantif ou nom*.

Le *substantif* ou *nom* exprime un objet considéré en lui-même indépendamment des qualités qu'il peut avoir, substance et non personnalité ; il désigne un être réel ou imaginaire ; réel comme *homme, table;* imaginaire comme *bonheur, perfection*.

On distingue le substantif *propre* qui convient à une seule personne ou à une seule chose, comme *Pierre, Paris;* et le substantif commun qui convient à plusieurs personnes ou à plusieurs choses, comme *homme, livre*.

Les substantifs ont deux propriétés : le *genre* et le *nombre*.

Le *genre* exprime la différence des sexes. Il y a deux genres comme il y a deux sexes : le masculin pour les noms d'êtres mâles ; le féminin pour les noms d'êtres femelles... pour les noms d'êtres inanimés qui ne sont ni mâles ni femelles, l'usage les a classés arbitrairement et par imitation dans le genre masculin ou féminin, exemple la lune, le soleil, le ciel et la terre.

Le *nombre* exprime l'unité ou la pluralité suivant qu'il n'y a qu'un seul être ou qu'il y en a plusieurs ; delà le singulier et le pluriel.

Il y a des substantifs qui ne s'emploient qu'au singulier. *la faim, la soif;* d'autres seulement au pluriel, *les pleurs, les ancêtres.*

Il y a aussi des substantifs qui sont du masculin au singulier et du féminin au pluriel : un *amour*, de *grandes amours;* un *bel orgue*, de *belles orgues.* Au reste ces irrégularités existent dans bien d'autres langues.

L'*s* est la marque distinctive du pluriel dans les substantifs : *les tables, les lois.*

Il y a des noms qui sont les mêmes au pluriel qu'au singulier ; ce sont ceux terminés au singulier, par *s, x, z, les avis, les choix, les nez.*

Ceux terminés en *al* et *ail* font généralement le pluriel en *aux* : *les animaux, les travaux.*

Les substantifs en *ant* et *ent* conservent le *t*, *les enfants, les dents:* et cette orthographe est rationnelle, car le pluriel se forme du singulier en ajoutant *s* ; si on retranche *s* après avoir omis le *t*, on aura au singulier *enfan, den.*

Parmi les substantifs communs, il y en a qui quoique au singulier présentent l'idée de plusieurs personnes ou de plusieurs choses ; on les appelle *collectifs généraux* lorsqu'ils expriment la totalité, exemple : *la foule des artistes est considérable;* et *collectifs partitifs* lorsqu'ils expriment une partie de ce tout, exemple : *une troupe de soldats.*

On appelle *substantif composé*, plusieurs mots équivalant à un seul, exemple : *hôtel-Dieu, arc-en-*ciel.

Enfin il y a des *substantifs elliptiques*, par exemple : *on*, qui n'est que l'abréviation, la syncope du mot *homme.*

De l'article.

Ce mot vient de la fonction qu'il remplit auprès du substantif, (*artus* membre), l'article est le membre dont le substantif est le corps ; en effet, il articule, il détermine, il étend ou restreint la signification du substantif et en marque le genre et le nombre.

Comme le substantif, l'article a deux genres et deux nombres.

Il n'y a qu'un article en français qui se divise en article simple, *le, la, les,* et en article composé, *au, aux, du, des :* L'article est aussi sujet à deux sortes d'états : *l'élision* et la *contraction.*

Par élider, on entend retrancher l'*e* ou l'*a* devant une voyelle ou une *h* muette, en ayant soin de marquer l'élision par l'apostrophe, exemple : l'argent, l'âme.

Par contracter, on entend combiner l'article avec une des prépositions *a* ou *de* ; ainsi on a : au pour *a le*, des pour *de les;* de telle sorte que l'article et la préposition ne font qu'un seul mot.

Ce n'a été qu'au temps de Henri 1er. que notre langue a possédé l'article ; il est à remarquer que toutes les langues qui ont eu l'article, ont été plus douces que celles qui en ont été privées ; voilà peut-être pourquoi, le latin qui n'a pas d'article est si dûr.

De l'adjectif.

L'étymologie de *l'adjectif* est ajouter (adjicere) par ce qu'on l'ajoute au substantif pour le qualifier ou le modifier.

Il y deux sortes d'adjectifs ; l'adjectif *qualificatif* et l'adjectif *déterminatif.*

L'adjectif *qualificatif* exprime un attribut, une qualité inhérente à l'objet, qualité fondée sur la nature, la forme, la situation, comme *bon, utile, rond*.

L'adjectif *déterminatif* est ainsi appelé, parce-qu'il détermine la signification du substantif auquel il est joint, en y ajoutant une idée de plus, exemple : *mon livre,* c'est-à-dire, celui qui est à moi seul.

Parmi les adjectifs qualificatifs, on comprend ceux qui dérivent des verbes et qui prennent le nom d'adjectifs *verbaux;* ils sont terminés en *ant* et ils deviennent du masculin ou du féminin, du singulier ou du pluriel, suivant que les noms qu'ils qualifient sont du masculin ou du féminin, du singulier ou du pluriel.

Les adjectifs *qualificatifs* peuvent aussi être composés : *ivre-mort, nouveau-né*. Des substantifs sont aussi quelques fois pris comme adjectifs qualificatifs : le *peuple roi,* le *peuple berger*.

Il y a quatre sortes d'adjectifs déterminatifs.

1°. Les adjectifs *numéraux cardinaux* qui marquent le nombre, *un, deux, trois;* et les adjéctifs *numéraux ordinaux* qui marquent le rang : *premier, second, troisième*.

2°. Les adjectifs *démonstractifs* qui indiquent le substantif en le montrant : *cet homme, ce livre*.

3°. Les adjectifs *possessifs* qui ajoutent une idée de possession au substantif : *notre père, leur fils*.

4°. Les adjectifs *indéfinis* qui ajoutent au nom une idée générale sans la limiter : *nul, tout, quelque*.

Nous avons dit que les adjectifs prenaient le genre et le nombre du substantif qualifié ou déterminé ; la première terminaison que l'on trouve dans le dictionnaire est celle du masculin. La principale règle pour la formation du féminin est l'addition d'un *e* muet au masculin: *fort, forte, aimé, aimée ;* et pour le pluriel on ajoute un *s* au singulier, *utile, utiles*.

La place que doit occuper l'adjectif, soit avant, soit après le substantif est déterminée ou par l'usage, ou par l'oreille, ou par le sens.

Du *pronom*.

Le mot *pronom* vient de deux mots latins: *pro* à la place, *nomine* du nom; parceque le pronom tient la place du nom.

Les pronoms sont très utiles, en ce sens qu'ils permettent d'éviterles répétitions et qu'ils rendent le discours plus clair, plus varié et plus agréable.

Il y a cinq sortes de pronoms: le pronom personnel, le pronom démonstratif, le pronom possessif, le pronom relatif et le pronom indéfini.

1°. Les pronoms *personnels* désignent les personnes et plus spécialement que les autres pronoms, ils désignent les rôles que ces personnes jouent dans le verbe. Ces pronoms sont au nombre de trois: *je, tu, il*. Les pronoms personnels *le, la, les*, accompagnent le verbe : *je le prêche, je la distingue*.

2°. Les pronoms *démonstratifs* rappellent l'idée du substantif en l'indiquant et en le montrant pour ainsi dire du doigt: ce, celui, ceci, cela etc. La différence qui existe entre *ce* pronom démonstratif et *ce* adjectif démonstratif, c'est que dans le premier cas, il est toujours suivi du verbe *être* et dans le second cas, il est toujours suivi d'un *substantif*, ex. C'est indigne, ce tableau.

3°. Les pronoms *possessifs* rappellent le substantif en y ajoutant une idée de propriété, de possession. En tant que pronoms possessifs, ils ne sont pas unis à des noms, ex. *Le mien, le nôtre, le leur*.

4°. Les pronoms *relatifs* expriment la relation intime qu'ils ont avec le substantif ou pronom qui précède et dont l'existence est présente à l'esprit ; ce sont : *qui, que, dont, lequel etc.* Ils ont encore la propriété de faire l'office de conjonction en unissant deux membres de phrase, *ex.* L'ouvrage que vous lisez est intéressant. Le relatif *que* unit : le livre est intéressant, vous lisez ce livre.

5°. Les pronoms *indéfinis* désignent d'une manière vague les personnes ou les choses dont ils rappellent l'idée sans préciser le nombre, comme : *chacun, quiconque* etc.

Les pronoms peuvent avoir comme les substantifs des compléments; ces compléments se composent de la préposition *de* suivie d'un substantif, d'un autre pronom ou d'un infinitif, ex. J'ai parcouru les îles de la méditérannée et celles de l'océan. Il est mieux cependant de répéter le substantif

Du verbe.

Le mot *verbe* vient du mot latin, *verbum* qui veut dire *parole;* il exprime l'affirmation. Sans verbe pas de langue possible; de même que la parole fut créatrice dans la bouche de Dieu, de même le verbe est créateur dans le discours ; il entre dans toutes les phrases pour lier nos pensées, en manifester la manière et la forme et marquer le rapport qu'elles ont avec le *passé,* le *présent* ou le *futur*.

Il n'y a réellement qu'un verbe en français qui est le verbe *être* ou verbe substantif, parcequ'il subsiste par lui-même ; mais ce verbe unique ne se présente pas toujours sous cette forme simple ; on a inventé d'autres verbes qui se composent du verbe *être* et d'un attribut, c'est-à-dire, la qualité qu'on affirme de l'objet dont on parle, ex. J'aime, je hais, pour : je suis aimant, je suis haïssant. On appelle ces verbes : verbes *adjectifs*.

On reconnait un verbe en français, lorsqu'on peut placer devant lui un de ces pronoms: *je*, *tu*, *il*.

Si le verbe est nécessaire à toute langue, il suppose aussi toujours un sujet qui est l'objet de l'affirmation marquée par lui, et qui répond à la question : *qui est-ce qui?* pour les personnes, et : *qu'est-ce qui?* pour les choses ; il suppose encore un complément qui achève d'exprimer l'idée commencée par le verbe.

On distingue deux sortes de compléments : le complément direct qui achève la signification du verbe sans le secours d'un autre mot; et qui répond à la question : *qui?* pour les personnes, et : *quoi?* pour les choses; et le complément indirect qui achève la signification à l'aide d'une préposition, et qui répond à la question : *à qui, de qui* etc ? pour les personnes; *à quoi, de quoi* etc ? pour les choses.

Voir la syntaxe pour le sujet, *le* verbe, *et* l'attribut *formant la propositoin.*

Il y a cinq sortes de verbes : *actif*, *passif*, *neutre*, *pronominal* et *unipersonnel*. Le verbe être s'appelle verbe auxiliaire, parceque sa fonction est de servir à conjuguer les autres dans plusieurs de leurs temps.

1°. On appelle verbe *actif*, celui qui marque une action faite par le sujet, c'est-à-dire, dans lequel le sujet agit ; il a ou peut toujours avoir un complément direct : *j'aime quelqu'un ;* il peut aussi avoir et en même temps un complément indirect, exemple : je donne un habit au pauvre. On reconnait le verbe actif lorsqu'on peut mettre après lui : quelqu'un, quelque chose.

2°. Le verbe *passif*, opposé de *l'actif*, exprime une action soufferte par le sujet ; il se forme de l'actif dont on prend le complément direct pour en faire le sujet. Son complément est toujours marqué par une des prépositions *de, par,* etc exemple, : Dieu est aimé des hommes.

3°. Le verbe *neutre* exprime comme le verbe actif l'action faite par le sujet, mais il n'a pas de complément direct. On l'appelle neutre, parcequ'il n'est ni actif, ni passif, tels sont : *aller, suivre, médire, plaire :* on ne peut pas mettre après lui : *quelqu'un, quelque chose.*

4°. Le verbe *pronominal* est ainsi appelé, parcequ'il se conjugue avec deux pronoms de la même personne, dont le premier est sujet et le second complément, exemple. Je me promène, je me flattai.

5°. Le verbe *unipersonnel* est ainsi appelé, parcequ'il n'a qu'une seule personne qui est la troisième du singulier. Le sujet apparent de ce verbe est, *il ;* mais le sujet réel est le mot qui suit le verbe et qui semble son complément, exemple : il est nécessaire de travailler; que l'on tourne par : travailler est nécessaire. Lorsqu'après ce verbe il n'y a pas ce mot qui semble son complément comme dans ce cas : il pleut, il neige, il tonne; l'on y supplée en disant : le ciel est pleuvant, neigeant,

Le mot conjugaison vient du latin *conjugatio*, qui signifie *assujétissement, joug*, parceque conjuguer un verbe, c'est le soumettre à toutes ses désinences et faire passer sous les yeux ses différents modes avec leurs temps, leurs nombres et leurs personnes. D'où quatre choses à noter dans les verbes : le nombre, la personne, le mode et le temps.

Le *nombre* indique l'unité ou la pluralité; c'est-à-dire, lorsqu'une seule personne fait l'action, ou qu'il y en a plusieurs ; le nombre c'est la forme qui indique le rapport avec l'unité ou la pluralité, d'où le singulier et le pluriel.

La *personne* est la forme du verbe pour indiquer que le sujet est de la première, de la seconde ou de la troisième personne, c'est-à-dire, s'il parle, s'il s'adresse à quelqu'un, ou s'il est question d'un tiers.

Le *mode* du latin *modus*, *manière,* n'est que les différentes manières par lesquelles nous manifestons l'affirmation.

Il y a quatre modes personnels et un mode unipersonnel qui s'appelle infinitif.

1°. L'*indicatif* qui présente l'affirmation d'une manière absolue : je travaille.

2°. Le *conditionnel* qui la présente sous l'idée d'une condition : je *travaillerais.*

3°. L'*impératif* qui présente l'affirmation sous l'idée de commandement, d'exhortation, de désir : *travaille.* Comme on ne se commande pas à soi-même et qu'on fait ce que l'on a en vue de se commander, grâce à son libre arbitre, aussi n'y a-t-il pas de première personne à l'impératif singulier.

4°. Le *subjonctif* présente l'affirmation d'une manière subordonnée, dépendante, parceque l'action ou la situation exprimée par ce mode dépend d'un verbe antérieur : *je doute qu'il travaille.*

Enfin *l'infinitif* présente l'affirmation d'une manière vague, sans exprimer ni le nombre ni la personne, parceque l'infinitif exprime un état, une action sans rapport, ni aux temps, ni aux nombres ni aux personnes : *travailler.*

Le *temps* est cette forme qni indique à quelle partie de la durée répond l'action exprimée par le verbe.

Il y a trois temps dans les verbes comme dans la vie, car le verbe exprime un état, une action. Ces trois temps sont: le *passé*, qui se traduit par le souvenir : je *travaillai ;* le *présent,* point insaisissable et qui nous échappe au moment où nous croyons le tenir : c'est ce qui a fait dire au poéte :

Le moment où je parle est déjà loin de moi ;

et le *futur* ou avenir, qui se traduit par l'espérance : je *réussirai.* Delà trois formes différentes pour exprimer une action passée, présente ou future dans les verbes ; ces trois formes sont appelées : *temps principaux*.

Le *présent* est unique ; je travaille.

Le *passé* à cinq époques : *L'imparfait*, qui exprime une action présente relativement à une action passée, ex : je travaillais lorsque vous êtes venu.

Le *passé* ou prêtérit *défini*, qui la marque dans un temps complètement écoulé, ex : je travaillai.

Le *passé indéfini*, qui la marque dans un temps écoulé ou non, ex : j'ai travaillé.

Le *passé antérieur*, qui la marque dans un temps antérieur à un autre dans un temps passé, ex : quand j'eus travaillé, je me reposai.

Le *plus-que-parfait* exprime l'action passée en elle-même et relativement à une autre également passée, ex : j'avais travaillé quand vous vîntes.

Le *futur* a deux époques ; on le divise en futur *simple*, et alors il exprime l'action comme devant avoir lieu dans l'avenir, ex : j'aimerai ; et en futur *antérieur* et alors il exprime cette action comme antérieure à une époque à venir, ex : j'aurai terminé demain.

Pour exprimer ces divers temps, on se sert de formes simples : *je marche,* et de formes composées : *j'ai marché*... . delà les temps simples et les temps composés.

Les temps simples sont ceux qui se conjuguent sans le secours du verbe *avoir* ou du verbe *être,* ex : j'aime, j'aimerai.

Les temps composés ont recours pour les verbes actifs et la plupart des verbes neutres et unipersonnels au verbe *avoir ;* et pour les verbes passifs, pronominaux et quelques unipersonnels au verbe *être.*

On divise encore les temps des verbes en *primitifs,* ainsi appelés parcequ'ils servent à former les autres ; et en temps *dérivés* parcequ'ils sont formés des temps primitifs.

Il y a cinq temps primitifs.

1°. *Le présent de l'infinitif*, qui forme le *futur simple* et le *conditionnel présent* en changeant *r* ou *re* ou *oir* en *rai, rais*, ex : aimer, j'aimerai-ais ;

2°. *Le participe présent* qui forme *l'imparfait de l'indicatif* en changeant *ant* en *ais* : rendant, je rendais ; et le *présent du subjonctif* en changeant *ant* en *e* : finissant que je finisse.

3°. Le *participe passé*, forme tous les temps composés au moyen de l'auxiliaire *avoir* ou *être*, ex : *aimé, reçu*, j'ai aimé, j'avais reçu.

4°. *Le présent de l'indicatif*, forme *l'impératif* en retranchant les pronoms, et l'*s* à la seconde personne du singulier dans les verbes de la première conjugaison, ex : tu aimes, je reçois : aime, reçois.

5°. Le *passé défini*, forme *l'imparfait du subjonctif* en changeant *ai* en *asse* pour les verbes de la première conjugaison et en ajoutant *se* pour les trois autres, ex : j'aimai, que j'aimasse, je reçus, que je reçusse.

Il y a quatre conjugaisons dans les verbes. La première a l'infinitif en *er* comme aimer ; la seconde en *ir* comme finir ; la troisième en *oir* comme recevoir ; et la quatrième en *re* comme rendre.

C'est par la terminaison de l'infinitif que l'on distingue entr'elles les conjugaisons et les verbes. Il n'y a qu'une seule conjugaison pour les verbes passifs ; elle se compose du verbe *être* et du participe passé du verbe actif que l'on veut conjuguer passivement.

On distingue encore les verbes *irréguliers*, c'est-à-dire ceux qui dans leurs temps simples ne suivent pas la formation commune, tel est *envoyer,* futur j'enverrai, au lieu de j'envoierai; et les verbes *défectueux*, c'est-à-dire, ceux qui manquent de certains temps, tel est le verbe *choir*, qu'on n'emploie ordinairement qu'à l'infinitif.

Lorsqu'on conjugue un verbe, il y a deux choses à considérer : le radical et la terminaison.

Le *radical*, de *radix, racine, fondement,* qui reste invariable et qui constitue le sens, la signification du verbe.

La *terminaison,* qui n'est qu'une inflexion et qui varie suivant le temps, le mode, le nombre et la personne.

Généralement le pronom personnel précède le radical ; au subjonctif le mot *que* précède ce pronom.

TABLEAU DES QUATRE CONJUGAISONS.

1re. ER.		1re. ER	
Indicatif Présent.		**Passé Défini.**	
J'-aim-e		J'-aim-ai	
Tu	es		as
Il	e		a
Nous	ons		âmes
Vous	ez		âtes
Ils	ent		èrent
Imparfait.		**Passé Indéfini.**	
J'-aim-ais		J'ai-aim-é	
	ais		é
	ait		é
	ions		é
	iez		é
	aient		é

Passé *Antérieur*.

J'eus-aim-é
é
é
é
é
é

Plus-que-parfait.

J'avais-aim-é
é
é
é
é
é

Futur.

J-'aim-erai
eras
era
erons
erez
eront

Futur *Antérieur*.

J'aurai-aim-é
é
é
é
é
é

Conditionnel Présent.

J'-aim-erais
erais
erait
erions
eriez
eraient

***Passé*.**

J'aurais-aim-é
é
é
é
é
é

Impératif.

Point de 1re personne au singulier ni de 3e pour les 2 nombres.

aim-e
ons
ez

Subjonctif P. ou F.

Que J'-aim-e
es
e
ions
iez
ent

Imparfait.

Que J'-aim-asse
asses
ât
assions
assiez
assent

Parfait.

que J'aie-aim-é
é
é
é
é
é

Plusque-par-fait.

Que J'-eusse-aim-é
é
é
é
é
é

Infinitif Présent.

aim-er

Passé

avoir aim-é

Participe Présent.

aim-ant

Passé.

aim-é

2me IR.

Indicatif Présent.

Je-fini-s
s
t
ssons
ssez
ssent

Imparfait.

Je-fini-ssais
ssais
ssait
ssions
ssiez
ssaient

Passé Défini.

Je-fini-s
s
t
mes
tes
rent

Passé Indéfini.

J'-ai-fini
i
i
i
i
i

Passé Antérieur.

J'eus-fini
i
i
i
i
i

Plus-que-parfait.

J'avais-fini
i
i
i
i
i

Futur.

Je-fini-rai
ras
ra
rons
rez
ront

Futur Antérieur.

J'aurai-fini
i
i
i
i
i

Conditionnel Présent.

Je-fini-rais
rais
rait
rions
riez
raient

Passé.

J'aurais-fini
i
i
i
i
i

Impératif.

Point de 1re personne au singulier ni de 3e pour les 2 nombres.

fini-s
ssons
ssez

Subjonctif P. ou F.

Que Je-fini-sse
sses
sse
ssions
ssiez
ssent

Imparfait.

Que Je-fini-sse
sses
t
ssions
ssiez
ssent

Parfait.

Que J'aie-fini
i
i
i
i
i

Plus-que-parfait.

Que J'eusse-fini
i
i
i
i
i

Infinitif Présent.

fini-r

Passé.

avoir-fini

Participe Présent.

fini-ssant

Passé.

fini

3me. OIR.

Indicatif Présent.

Je-reç-ois
ois
oit
evons
evez
oivent

Imparfait.

Je-rec-evais
evais
evait
evions
eviez
evaient

Passé Défini

Je-reç-us
us
ut
ûmes
ûtes
urent

Passé indéfini.

J'ai-reç-u
u
u
u
u
u

Passé Antérieur.

J'eus-reç-u
u
u
u
u
u

Plus-que-parfait.

J'avais-reç-u
u
u
u
u
u

Futur.

Je-rec-evrai
evras
evra
evrons
evrez
evront

Futur Antérieur.

J'aurai-reç-u
u
u
u
u
u

Conditionnel Présent.

Je-rec-evrais
evrais
evrait
evrions
evriez
evraient

Passé

J'aurais-reç-u
u
u
u
u
u

Impératif.

Point de 1re personne au singulier ni de 3me pour les 2 nombres.

reç-ois
evons
evez

Subjonctif P. F.

Que Je-reç-oive
oives
oive
evions
eviez
oivent

Imparfait.

Que Je-reç-usse
usses
ût
ussions
ussiez
ussent

Parfait.

Que J'aie-reç-u
u
u
u
u
u

Plus-que-parfait

Que J'eusse-reç-u
u
u
u
u
u

Infinitif Présent.

rec-evoir

Passé.

avoir rec-u

Participe Présent.

reç-evant

Passé.

reç-u

4me. RE.

Indicatif Présent.

Je-rend-s
Tu s
Il -
Nous ons
Vous ez
Ils ent

Imparfait.

Je-rend-ais
ais
ait
ions
iez
aient

Passé Défini.

Je-rend-is
is
it
îmes
îtes
rent

Passé Indéfini.

J'ai-rend-u
u
u
u
u
u

Passé Antérieur.

J'eus-rend-u
u
u
u
u
u

Plus-que-parfait.

J'avais-rend-u
u
u
u
u
u

Futur.

Je-rend-rai
ras
ra
rons
rez
ront

Futur Antérieur.

J'aurai-rend-u
u
u
u
u
u

Conditionnel Présent.

Je-rend-rais
rais
rait
rions
riez
raient

Passé.

J'aurais-rend-u
u
u
u
u
u

Impératif.

Point de 1re personne au singulier ni de 3me pour les 2 nombres.

rend-s
ons
ez

Subjonctif P. ou F.

Que je-rend-e
es
e
ions
iez
ent

Imparfait.	*Plus-que-parfait.*
Que je-rend-isse	Que j'eusse-rend-u
isses	u
ît	u
issions	u
issiez	u
issent	u
Parfait.	*Infinitif Présent.*
	rend-re
Que j'aie-rend-u	*Passé.*
u	avoir-rend-u
u	*Participe Présent.*
u	rend-ant.
u	*Passé.*
u	rend-u

du participe.

Le *participe* du mot latin *particeps, participant*, est ainsi nommé parcequ'il tient du verbe et de l'adjectif; du verbe en ce qu'il en a la signification et le régime, et de l'adjectif en ce qu'il qualifie comme lui le substantif auquel il est joint.

On distingue deux sortes de participes, c'est-à-dire, deux inflexions différentes que les verbes reçoivent à l'infinitif; savoir: le participe *présent* qui ajoute au mot qu'il qualifie l'idée d'une action faite par ce mot dans un temps présent relativement à une autre époque; et le participe *passé* qui ajoute au mot qu'il qualifie l'idée d'une action reçue par ce mot dans un temps écoulé.

Le participe *présent* qui comme l'adjectif verbal est terminé en *ant*, est invariable de sa nature;

tandis que l'adjectif *verbal* prend le genre et le nombre du nom qu'il qualifie.

On reconnait le participe présent : 1° en ce qu'il a un régime, 2° en ce qu'il y a devant lui exprimé ou sous-entendu la préposition *en*, car il est un véritable gérondif (gerere) ; 3° en ce qu'on peut toujours le tourner par *qui* et un autre temps du verbe. ex : un orateur écrasant ses confrères, (qui écrase etc).

L'adjectif *verbal* se distingue du participe *présent* 1° en ce qu'il n'a pas de régime ; 2° en ce qu'il n'est jamais précédé de la préposition *en* ; 3° en ce que toutes les fois qu'on le tourne par *qui*, il y a entre *qui* et *lui*, le verbe *être* ex : la littérature est sa passion dominante, (qui est dominante.

Le *participe passé*, deuxième inflexion d'un verbe à l'infinitif est d'après Vaugelas ce qu'il y a de plus important et aussi de plus ignoré dans la langue française ; en effet la majeure partie des fautes contre notre langue viennent de ce qu'on ne connaît pas assez l'accord ou l'invariabilité du participe *passé*.

Voici les principales règles données par les grammairiens :

1°. Le *participe passé* considéré comme adjectif *verbal* ou employé sans auxiliaire s'accorde avec son sujet, ex : eaux agitées ; édifices écroulés.

2° Employé avec le verbe *être*, il s'accorde avec son sujet, ex : la science est souvent méconnue.

3° Accompagné du verbe *avoir*, il ne s'accorde pas avec le sujet, mais avec son régime direct, lorsque ce régime précède le participe, ex : la réprimande que j'ai reçue.

4° Les participes *passés* des verbes neutres accompagnés du verbe *avoir* sont invariables, ex : les dix ans qu'il a vécu, il les a vécu heureux.

5° Les verbes pronominaux qui se conjuguent avec le verbe *être* tenant la place du verbe *avoir* font accorder leur participe *passé* avec leur régime direct, ex : nous nous sommes promené dans le Louvre.

6° Le participe d'un verbe unipersonnel es invariable, ex : il est arrivé de nombreuse troupes.

7° Le participe entre deux *que* est invariabl parceque son régime est la fin de la phrase, ex le châtiment que j'ai prévu qu'on vous infligerait

8° Le participe est invariable quand son complément direct est *l'*, parceque *l'* tient la place de *cela*, ex : l'issue de ce procès a eu lieu comme je l'avais prédit.

9° Le participe suivi d'un infinitif s'accorde quand il a pour complément direct le pronom qui précède, ex : cette femme chante bien, je l'ai entendue chanter... mais le participe est invariable lorsqu'il a pour complément l'infinitif qui suit, ex : cette romance est charmante, je l'ai entendu chanter.

De la préposition.

La *préposition* (du latin prœ, ponere, placer avant) exprime les rapports que les mots ont entr'eux, tantôt différents, tantôt même opposés, tout en restant elle-même invariable, ex : approchez vous de moi ; éloignez vous de moi. La préposition *de* dans le premier cas, exprime un rapport d'approximation ; dans le second cas, un rapport d'éloignement.

Dans les langues qui ont des déclinaisons et des désinences, l'usage des prépositions est plus rare ; mais dans notre langue qui en est privée, les prépositions en tiennent lieu.

Une préposition n'offre jamais un sens complet, voilà pourquoi, elle a toujours un complément qui ne peut être qu'un complément indirect. Quel quefois cependant la préposition devient un vrai mot substantif, susceptible d'article et de nombre, ex : le devant de la maison.... prendre les devants..... le dedans, les dehors d'un pálais.

De l'adverbe.

L'adverbe est ainsi nommé (ad verbum, auprès du verbe) parceque sa fonction est d'être placé immédiatement auprès du verbe pour modifier l'attribut renfermé dans ce verbe, ou bien un autre adverbe.

Comme la préposition, l'adverbe est invariable, mais de plus qu'elle, il a un sens complet et équivaut à lui seul à une proposition : c'est ce qui fait qu'il n'a pas de complément. Il faut pourtant en excepter quelques uns comme *conformément, antérieurement,* qui conservent le complément de l'adjectif dont-ils sont formés, ex : conformément à la loi ; antérieurement au déluge.

Certains adjectifs s'emploient aussi comme adverbes, lorsqu'ils modifient un verbe, ex : il il sent bon ; elle chante juste ; elle se trouve mal.

On appelle *locution adverbiale* un assemblage de certains mots qui servent à modifier ou un verbe, ou un adjectif, ou un adverbe, ex : à la fin, au hasard de nouveau.

De la conjonction.

La *conjonction* (du latin *jungere cum* unir ensemble) est un mot invariable quit sert à lier un membre de phrase à un autre membre de phrase, ou deux phrases entr'elles. La conjonction rend aussi sensible les diverses opérations de l'esprit qui lie entr'eux les objets, ou les oppose les uns aux autres.

Il y a des conjonctions qui régissent l'infinitif, ex ; après avoir travaillé ; d'autres l'indicatif, ex ; je le veux à condition que vous travaillerez ; d'autres le subjontif, ex. travaillez afin que vous puissiez devenir savant.

On appelle locution conjonctive, l'assemblage de certains mots qui font la fonction de la conjonction, ex; au surplus, au reste, parconséquent.

De l'interjection.

Ce mot formé du latin (inter jacere, jeter parmi) parce qu'on le jette entre d'autres mots comme le trop plein de notre pensée, de notre sentiment, exprime les affections vives et subites de l'âme.

L'interjection est invariable; c'est un cri du cœur, le langage de la nature commun à tous les peuples, et que les bêtes même n'ignorent pas; l'inflexion de la voix, le geste, ajoutent à la signification de l'interjection, ah! exprime la joie, la douleur; ah! que je suis heureux! ah! que je souffre!. oh! exprime la surprise; oh! oh! je croyais le contraire!... hé! s'emploie pour appeler; hé venez donc! comme on le voit l'interjection renferme une proposition elliptique; elle supplée à la paresse de la parole pour rendre ce que l'esprit et le cœur éprouvent trop rapidement.

De l'orthographe.

Après avoir parlé des dix mots composant notre langue. nous allons nous occuper de la manière de les écrire, c'est-à-dire, nous allons parler des caractères et des signes orthographiques qui forment ces mots.

Et d'abord. le mot *orthographe*, (*orthos* véritable *graphie* écriture), qui n'est que l'art de peindre par écrit et d'après les règles fixes les dix parties du discours. ne semble pas propre; il faudrait dire : *orthographie;* car si l'on appelle *géographie* la science de la terre. et *géographe* celui qui cultive ou enseigne cette science il faudrait dire de celui qui enseigne la manière d'écrire les signes et les caractères convenus, c'est un *orthographe.*

Au sujet des règles à tracer pour l'orthographe, nous dirons avec l'académie : il n'y a pas ou presque pas de principes généraux à donner.... l'or.

thographe ne s'apprend que par l'usage ; lisez et remarquez, vous n'avez que cela à faire.

En présence d'un principe si décourageant, nous nous bornerons à résumer ce qui a été dit sur cette matière.

Il y a deux sortes d'orthographe : l'orthographe de principe apprise dans les dix parties du discours, par exemple : l'accord du participe, la formation du pluriel, etc., et l'orthographe d'usage qui s'apprend par la lecture, l'observation et la connaissance des étymologies grecques et latines qui forment beaucoup de nos mots.

Les mots se composent de caractères ou lettres de l'alphabet et des signes orthographiques, tels que les accents, l'apostrophe, la cédille, le tréma, le trait d'union, la parenthèse, les guillemets.

Les mots qui dérivent d'autres mots ont leur consonne finale presque toujours indiquée par dérivation, ainsi : amas-amasser ; accroc-accrocher ; bord-border ; plomb-plomber, etc.

Il y a trois sortes de lettres : les *majuscules*, les *minuscules* et les *italiques*.

Les *majuscules* ou grandes lettres (A, B, C,) s'emploient au commencement de chaque phrase, de chaque vers, des noms propres et prénoms, et des êtres moraux personnifiés, exemple :

Là gît la sombre *Envie* à l'œil timide et louche.

Le mot commençant un discours direct, les noms de peuple, de nation, d'ange, de jour, de mois, de fleuve, et le nom de Dieu ; les adjectifs saint, grand, lorsqu'ils entrent dans la composition d'un nom propre : Saint Pierre, le Grand-Napoléon.

Les *minuscules* ou petites lettres (a, b, c,) s'emploient dans l'écriture ordinaire, excepté dans les cas qui viennent d'être énumérés.

Les *italiques* sont posées obliquemeut de manière que la partie supérieure penche vers la droite,

(*a*, *b*, *c*.) ; elles s'emploient pour distinguer du reste du discours un mot sur lequel on veut fixer l'attention. On peut aussi remplacer ces lettres en soulignant le mot.

Il y a trois sortes d'accents dont la puissance consiste à changer le son d'une voyelle.

L'accent *aigu* (´) qui marque le son de l'e fermé : bonté.... L'accent grave (`) qui marque : 1°. l'e ouvert : *père*, 2°. la distinction de *a* verbe et de *à* préposition ; de *là* adverbe et de *la* article ou pronom ; de *où* adverbe et *ou* disjonction.... L'accent circonflexe (^) qui marque ; 1°. l'allongement de la voyelle : âge. épître ; 2° la distinction de *dû* participe de *devoir* et *du* article composé.

L'apostrophe (') marque la suppression d'une des voyelles *a*, *e*, *i* : l'âme, l'histoire, l'estime.

La *cédille* ou petit ᶜ retourné, (̧), se place sous le *c*, devant les voyelles *a, o, u*, pour lui donner le son doux de l's, lorsqu'on veut à raison de l'étymologie conserver le *c* qui se trouve dans le mot d'où il dérive, ex.: glaçon, de glace, Français, de France etc. On ne met pas de cédille sous le *c* devant un *e* ou un *i*, parcequ'alors le *c* a le son doux.

Le *tréma* (¨) du grec *tréma* trou, consiste en deux points disposés horizontalement et qu'on place sur les seules voyelles *a*, *i*, *u*. Il indique que ces voyelles doivent être prononcées séparément de celles qui les précèdent : *naïf. Saül, ciguë. On* n'emploie pas le tréma dans les voyelles qui peuvent prendre un accent, comme poésie, poète.

Le *trait-d'union* (-) sert à marquer la liaison qui existe entre un ou plusieurs mots ; on l'emploie avant et après la lettre euphonique *t* : parle-t-il ? Il lie deux ou plusieurs mots qui par le sens n'en font qu'un : Marc-Aurèle, s'entre-choquer ; on le place aussi à la fin d'une ligne quand le mot n'est pas achevé, mais alors on doit avoir soin que la syllabe soit complète.

La *parenthèse* (du grec *para* entre. *en* dans et *tithemi* je place) consiste en deux arcs opposés par leur cavité ( ) entre lesquels on enferme un sens accessoire qui interrompt la continuité du sens principal, en l'éclaircissant toutefois, ex : j'ai vu (siècles futurs vous ne pourrez le croire.) etc.

Le *guillemet* est un signe ressemblant à deux virgules; (») il s'emploie dans les citations et les observations d'une certaine étendue.

Sans *étymologie*, point d'orthographe possible et raisonnable ; car le mot étymologie (*étumos* vrai et *logos* parole) signifie, le vrai sens du mot. on donne le nom d'étymologie au mot primitif ou à la racine, relativement à ses dérivés, ex : mort-mortalité, lex, legis-légiste.

Au moyen de l'art étymologique, c'est-à-dire de la recherche des racines et des origines, on compare les différentes langues. Si le mot dont on cherche l'étymologie est un *dérivé*, on le dépouille de ses terminaisons et inflexions grammaticales, ex : changement vient de changer, graduel vient de gradus... Si au contraire on cherche l'étymologie d'un mot composé, on le dérive dans chacune de ses parties, et on cherche le sens de chacune d'elles, ex : vraisemblable est composé de semblable au vrai.

Les relations entre les peuples font que les langues s'empruntent des mots. surtout lorsqu'une nation reçoit d'une autre quelqu'art nouveau; alors elle en adopte les termes ; et si nous avons du grec et du latin dans nos mots, c'est parceque ces peuples ont écrit sur les sciences et les arts.

2me. PARTIE.

SYNTAXE.

Les mots pris séparément ou indistinctement tels que nous les avons traités dans la première partie de la grammaire, ne peuvent constituer d'une manière sûre le discours, bien qu'à eux seuls ils le forment; c'est donc de la disposition de ces mots suivant l'ordre direct ou analytique, de telle sorte qu'ils expriment nos pensées et nos sentiments d'une manière claire, précise et invariable que se propose de traiter cette seconde partie de la, grammaire que l'on appelle *syntaxe.*

La *syntaxe,* de *sun avec* et *taxis ordre*, *arrangement*, signifie arrangement des mots suivant les règles et l'usage de la langue, arrangement, construction qui montre comment on les assemble et on les nuit entr'eux en leur donnant un sens.

Le discours grammaticalement parlant n'est qu'une série de propositions; donc il est bien important de connaître ce que c'est qu'une proposition, les éléments qui la composent, le travail qu'opère l'intelligence pour la produire et le rôle qu'elle est appelée à jouer dans l'expression de nos pensées.

Au moyen de la parole, du langage, nous avons pour but de communiquer nos idées, nos connaissances, et d'exprimer nos besoins, nos affections, et nos antipathies; or ce but ne peut être atteint, qu'en comparant les avantages qui résultent de la possession ou de la privation des objets, et qu'en se prononçant sur eux après avoir examiné leurs rapports, ce travail intellectuel n'est autre chose, qu'émettre un jugement que l'on ènonce au moyen de la proposition; d'où il suit que la *proposition est l'énonciation d'un jugement.*

La *proposition* c'est l'acte par lequel notre intelligence perçoit et énonce l'existence intellectuelle des êtres sous telle et telle relation à telle ou telle modification ... Si cet *être* a réellement en soi la relation sous laquelle il existe dans notre esprit, nous en avons une connaissance vraie; s'il n'a pas cette relation, la connaissance que nous en avons est fausse.... (nous indiquons plus bas la cause des erreurs de notre intelligence,) mais vraie ou fausse, dès le moment que notre intelligence se prononce cette connaissance est un jugement ; puisque notre entendement prononce sur la ressemblance ou la différence de deux impressions.

Une *proposition* et *vraie* on *fausse* selon qu'elle est conforme ou non aux principes immuables du *vrai*, du *beau* et du *bon*.

Il ne faut pas confondre la proposition avec la *phrase*, du grec *phrasis, locution*, et qu'on définit: l'assemblage des mots exprimant une idée ; car comme la même idée peut être exprimée par différents assemblages de mots, là où l'on changera plusieurs mots, il y aura diverses phrases ; tandis qu'il n'y aura toujours qu'une seule proposition. ex. ce repas est magnifique ;.. magnifique est ce repas; ces diverses constructions de mots forment deux phrases et une seule proposition. Aussi dans une phrase, il y a autant de propositions qu'il y a de verbes à un mode personnel.

La *proposition* est l'énonciation d'un jugement par les sens, les articulations, et les mots nécessaires dans chaque langue pour produire l'expression totale de ce jugement.

Uue *proposition* peut être énoncée par un seul mot, au moyen des idées accessoires que l'usage y aura attachées, ex. tant mieux, qui équivaut à : je suis content que cela soit arrivé.... mais le plus souvent on l'énonce par plusieurs mots réunis, ex. adieu, pour : je vous salue.

Dans les deux cas l'expression est totale dès qu'elle énonce l'existence intellectuelle du sujet, sous telle relation à telle modification.

La *proposition* considérée grammaticalement a autant de parties qu'elle a de mots; considérée logiquement, elle n'en contient que trois : le *sujet*, le *verbe* et *l'attribut*.

Revenons au jugement, puisqu'il est toute la proposition, et que celle-ci est tout le discours; sachant surtout que si les propositions et les jugements qui constituent le discours étaient vrais, le discours serait vrai, ce à quoi doit tendre tout homme honnête et éclairé.

Le *jugement* est l'acte par lequel l'intelligence se prononce sur la convenance ou la disconvenance de deux objets; en d'autres termes : le jugement exprime les rapports de plusieurs objets entr'eux. Il s'ensuit que l'erreur ne serait plus possible si les préjugés, les passions et l'ignorance ne venaient obscurcir l'entendement, s'ils ne le détournaient pas dans sa recherche de la vérité, et s'ils ne l'obligeaient pas à se prononcer au hasard, à peuprès comme quand nous nous prononçons sur la forme ou sur l'élévation de tel clocher, alors que notre vue n'est pas dans les conditions nécessaires pour juger des rapports à cause de la distance.

Les *préjugés*, source de nos faux jugements; par eux on prononce sans se rendre compte des rapports, avant d'avoir réfléchi, et d'aprés des idées inexactes. etc

Les *passions*, par lesquelles on ne voit que ce que l'on désire, et l'on ne fait que ce qui fait plaisir. etc.

Enfin *l'ignorance* qui n'est que l'erreur déguisée, car sans ignorance pas d'erreur.

On distingue plusieurs sortes d'ignorance; celle que l'entendement ne peut vaincre, parceque les objets qu'il aurait à atteindre sont obscurs et impénétrables par eux-mêmes ; comme les mystères de la religion et ceux de la nature réputés tels, ex : le fluide magnétique, la tablomancie; on appelle cette ignorance : *invincible absolument parlant.*

L'ignorance invincible relative est celle qui n'est invincible que pour tel homme en particulier, ex : un individu instruit comprend facilement le système de *Copernic;* un paysan croira toujours que le soleil tourne autour de la terre, et se prononcera en conséquence.

L'ignorance vincible est celle que l'on peut vaincre par un travail ordinaire et accessible à tous les esprits, ex : savoir sous quel régime de gouvernement nous vivons; en quel siècle nous sommes.

Enfin *l'ignorance crasse* qui doit faire rougir celui qui en est atteint et qu'on doit parconséquent chasser au plutôt. Lorsqu'elle s'applique aux objets nécessaires dans l'ordre surnaturel ou physique, elle est un crime, ex: Un pére de famille jette sa fortune dans une spéculation, n'ayant aucune connaissance des élèments de réussite, ignorant la probité de ses employés, et ne s'occupant jamais du résultat de ses opérations commerciales.

Lorsque cette ignorance s'applique aux objets indifférents ou de peu d'importance, elle est un travers, ex : Une personne a la démangeaison de parler, elle ne dit que des sottises et ne sait pas se taire.

Ces trois causes de nos jugements erronés, détruites, les propositions qui énonceront nos jugements ne pourront qu'être conformes aux principes immuables du *vrai,* du *beau* et du *bon* dont nous parlions tout-à-l'heure.

Nous avons dit que la proposition considérée logiquement, n'avait que trois termes : le *sujet,* le *verbe* et *l'attribut;* nous allons les analyser l'une après l'autre.

1°. Le *sujet* est l'objet du jugement, que ce soit un être réel ou résultant de l'abstraction; c'est l'idée principale puisque le reste se rapporte à lui.

Il y a des grammairiens qui ont prétendu que dans une proposition, il n'y avait que deux idées, l'idée du *sujet* et l'idée du *modificatif* ou de *l'attribut*. Ces auteurs prouvent ainsi leur principe : le mot *est* qui n'est autre chose que le *verbe*, exprimant l'existence et se trouvant dans toute proposition ne fait qu'une seule et même chose avec *l'attribut*, savoir : exprimer sa convenance ou sa disconvenance avec le *sujet;* car pour affirmer que telle chose convient ou ne convient pas, il faut quelle existe, ex : Dieu est bon; pour dire qu'il est bon il faut qu'il existe... pour eux donc l'idée d'existence étant contenue dans l'idée de bonté, *est bon*, est *l'attribut*.... pour nous avec Noël et Chapsal et la généralité des auteurs, nous aimons mieux admettre les trois parties ci-dessus énoncées.

Le *sujet* est toujours exprimé ou par un *substantif*, ou par un *pronom*, ou par un *infinitif*. Le *pronom* et l'*infinitif* pouvant se remplacer par un *substantif*, on peut dire que le *sujet* est toujours un *substantif;* la raison en est, qu'il n'y a qu'un *être* réel ou imaginaire qui puisse ou faire, ou souffrir l'action du modificatif, et que cet *être* est toujours un *substantif*.

Le *sujet* étant l'idée principale, il est naturel de conclure que les mots accessoires, c'est-à-dire, l'*article* ou le *modificatif*, qui n'en sont que comme les satellites, doivent prendre le genre et le nombre du sujet auquel ils se rapportent, ainsi que le *verbe* pour le nombre.

Il y a quatre sortes de *sujets :*

Simple, lorsqu'il n'exprime qu'un seul *être* ou des *êtres* de la même espèce, ex : l'homme, les hommes.

Composé, lorsqu'il exprime plusieurs *êtres* d'espèces différentes, ex : la table, le livre, la toilette.

Complexe, lorsqu'il a un complément, ex : le livre de Pierre.

Incomplexe, lorsqu'il n'a pas de complément, ex : la vertu.

5° Le *verbe* est toujours *être; simple*, c'est-à-dire exprimé naturellement, comme : *je suis;* ou renfermé dans un verbe que l'on décompose pour l'en faire sortir, ex : je suis aimant, et alors on trouve toujours le verbe *être* et un *participe présent.*

Si l'on veut marquer l'existence de la relation de l'*attribut* avec le *sujet,* on emploie seulement *est;* ex : il est instruit; si au contraire on veut exprimer la non relation, on met une négation devant *être,* ex : il n'est pas instruit.

3° L'*attribut* comme nous l'avons dit est la *manière d'être du sujet,* la qualité qu'on juge lui appartenir, l'idée accessoire, le modificatif; il est toujours énoncé ou par un *adjectif;* ou par un *participe,* soit *présent*, soit *passé*; ou par un *substantif*; ou par un *pronom.* Dans les propositions suivantes on trouve les diverses sortes de sujets, verbes et attributs.

La science est utile ;

La science, *sujet simple* et *incomplexe;* est, *verbe simple;* utile, *attribut simple* et *incomplexe.*

La piété et le dévouement sont rares et admirés;

La piété et le dévouement, *sujet composé;* sont, *verbe simple;* rares et admirés, *attribut composé.*

La malice de la langue porte (est) portant au mal ;

La malice de la langue, *sujet complexe;* porte (est) portant, *verbe composé;* au mal, *attribut complexe.*

L'amitié est désirable ;

L'amitié, *substantif sujet*; est, *verbe*; désirable, *adjectif attribut*.

Vendre sa conscience est un crime ;

Vendre sa conscience, *infinitif sujet*; est, *verbe*; un crime, *substantif attribut*.

Ce crime est le mien, *pronom attribut*.

L'*attribut* est comme le *sujet* : *simple*, lorsqu'il n'exprime aucune manière d'*être* de ce sujet, ex : l'amour est exigeant.

Composé, lorsqu'il exprime plusieurs manières d'*être* du sujet, ex : l'amour est exigeant et aveugle.

Complexe, lorsqu'il a un complément, et *incomplexe*, lorsqu'il n'a pas de complément, comme dans les exemples déjà cités.

Le *sujet* et l'*attribut* sont *incomplexes*, quand ils expriment par eux-mêmes une idée complète.

Le *verbe* n'a jamais de complément, parce que toujours il exprime une idée complète d'existence et d'affirmation.

On confond souvent ces deux mots : *régime* et *complément*, jamais en français on ne devrait se servir du mot *régime*. En effet, régime, (regere gouverner), signifie l'empire qu'exerce le sujet ou l'attribut sur certains autres mots, en les forçant à prendre telle ou telle inflexion; ce qui ne peut arriver que dans les langues qui ont des déclinaisons, et par conséquent des cas; or, comme il n'y en a pas en français, on ne doit dont pas se servir du mot *régime* qui emporte toujours avec lui l'idée d'un changement dans la forme des mots; mais bien du mot *complément*, par lequel on désigne tout ce qui sert à l'achèvemeut du *sujet* ou de l'*attribut*.

Les noms propres n'ont pas besoin de complément, ils sont assez déterminés par eux-mêmes, puisque chacun d'eux exprime complètement l'individu désigné par tel ou tel nom : Rome, César, Napoléon.

Un complément peut avoir aussi un autre complément, ex : je vous ai donné un livre de ma bibliothèque; *de ma bibliothèque* est le complément de *livre*, qui est à son tour complément du participe présent *donnant;* donc il y a des compléments *complexes* et des compléments *incomplexes*.

Le *complément* du sujet et de l'attribut consiste ou dans *un modificatif* (soit adjectif, soit participe, soit adverbe), ou dans un *complément* (soit direct soit indirect), ou dans une *proposition incidente*, (soit déterminative, soit explicative).

Par tout ce qui a été dit, il est clair que tous les mots qui entrent dans une proposition se rapportent au *sujet* et à l'*attribut*, et s'analysent logiquement et grammaticalement.

Il y a deux sortes de propositions ; la proposition *principale* et la proposition *incidente*.

La proposition *principale* est celle dont dépendent les autres, c'est la source d'où découlent les diverses espèces de propositions. Elle est ou *absolue* ou *relative*.

La proposition principale est *absolue*, quand elle est maîtresse, c'est-à-dire, dominant toutes les autres.

La proposition principale est *relative*, quand dans une même phrase, il y a déjà la proposition principale absolue, et que celle-ci ne vient qu'après, et lui semble subordonnée, exemple :

Je doute que le luxe soit utile ;

Je doute, *proposition principale absolue ;* que le luxe soit utile, *proposition incidente*.

La jeune personne, qui s'y livre, se perdra ;

Le jeune personne se perdra, *proposition principale relative ;* qui s'y livre, *proposition incidente*.

La proposition *incidente,* est celle qui est ajoutée à un des termes d'une autre proposition pour en compléter la signification. Elle est toujours partielle à l'égard de la proposition *principale* et se lie toujours à l'un des termes de celle-ci dont elle est un complément ou explicatif ou déterminatif; de là deux sortes de propositions *incide..tes*, suivant qu'on les considère relativement à leur influence sur la proposition principale ;

1° L'*Incidente déterminative* qui est ajoutée à une autre proposition pour déterminer le terme qu'elle complète, pour en exprimer quelque circonstance indispensable, de manière qu'on ne peut la retrancher, sans détruire ou dénaturer le sens de la proposition à laquelle elle se rapporte, ex :

Les plaisirs qui tuent, sont les plus séduisants;

Les plaisirs sont les plus séduisants, *proposition principale absolue*; qui tuent, *proposition incidente déterminative.*

Enlevez en effet, la proposition *incidente;* et la proposition principale n'est plus déterminée, et son sens est tout-à-fait dénaturé.

2° L'*Incidente explicative*, n'est ajoutée à une proposition que pour expliquer le terme qu'elle complète, pour *y* ajouter quelques développements qui ne sont pas rigoureusement nécessaires; de sorte que cette incidente peut être retranchée sans détruire ni même dénaturer le sens de l'autre proposition, ex :

Le mensonge qui dégrade, est très commun ;

Le mensonge est très commun, *proposition principale absolue*; qui dégrade, *proposition incidente explicative.*

Si l'on retranche la proposition *incidente;* le sens de la proposition principale sera le même, seulement la proposition incidente l'explique un peu plus.

Une proposition est *généralement principale*

quand elle ne commence ni par un pronom relatif, ni par une conjonction ; et par contre, une proposition est *généralement incidente*, lorsqu'elle commence par un pronom relatif ou par une conjonction... excepté : *et, ou, ni, mais*.

Quelques exemples d'analyse logique, dans lesquels se trouveront les diverses espèces de propositions que nous venons de définir, achèveront de faciliter l'intelligence de tout ce que nous avons dit à ce sujet.

Modèle d'analyse d'une proposition principale absolue.

La richesse est enviée.

Le sujet de cette proposition est : *la richesse*, sujet simple et incomplexe, *simple*, parce qu'il n'exprime qu'un seul *être; incomplexe*, parce qu'il n'a pas de complément : le verbe est : *est;* l'attribut, *enviée*, simple et incomplexe ; *simple*, parce qu'il n'exprime qu'une manière d'être du sujet, et *incomplexe*, parce qu'il n'a pas de complément.

Proposition principale absolue et proposition principale relative.

Je doute (que le luxe soit utile), la jeune personne (qui s'y livre) se perdra.

Dans cette phrase, il y a quatre propositions; une proposition principale *absolue :* je doute; une proposition principale *relative:* la jeune personne se perdra; les deux autres propositions sont *incidentes*..

Je doute, pour je suis doutant, *je* sujet simple et incomplexe; voir plus haut, *suis* verbe, doutant attribut simple et incomplexe; voir plus haut.

La jeune personne se perdra, proposition principale *relative*, elle dépend de : je doute; la jeune personne, sujet simple et incomplexe, voir plus haut, *sera*, verbe, *perdant* elle, attribut simple, voir plus haut et complexe, ayant pour complément *elle*.

Proposition incidente déterminatixe.

Que le luxe soit utile; proposition *incidente déterminative*, elle commence par la conjonction *que*, et si on la retranche, le sens de *je doute* est dénaturé; le luxe, sujet simple et incomplexe, etc. voir plus haut.

Qui s'y livre, proposition *incidente explicative*, elle commence par un pronom relatif, et en la retranchant, le sens de *la jeune personne se perdra* est bien le même, mais il n'est pas aussi bien expliqué; *qui*, sujet simple, etc. est livrant elle, *est*, verbe, *livrant elle*, attribut simple et complexe.

La proposition peut être encore, ou *pleine*, ou *elliptique*, ou *implicite*.

La proposition est *pleine*, lorsque tous les termes qui la composent y sont énoncés, de manière qu'il n'en faille rétablir aucun pour faire l'analyse, ex : la vertu trouve toujours sa récompense.

La proposition est *elliptique* (*ellepsis*, défaut, manque), lorsque certaines parties constitutives de la proposition sont sous-entendues. Lorsqu'on peut y suppléer facilement, au lieu d'être vicieuses, ces propositions offrent des beautés, ex : on dit à Médée : que vous reste-t-il ? *moi*, répond-elle.... Corneille en mettant : *moi*, pour je me reste, a fait du sublime; ce *moi* est plus long qu'un long discours.

La proposition est *implicite*, lorsqu'elle renferme en elle-même, le sujet, le verbe et l'attribut, sans qu'aucune de ses parties soit exprimée, ex : *hélas!* est toute une proposition; pour j'en suis faché... *oui* et *non* sont des propositioes implicites... M'aimez-vous? *oui;* pour je vous aime... Me serez-vous fidèle? *non,* pour je ne vous serai pas fidèle.

En résumé en peut considérer le discours, comme le fruit d'un arbre qui puise sa nourriture dans les 25 lettres de l'alphabet; ses racines sont les dix sortes de mots composant la première partie de la grammaire; le tronc, le corps de l'arbre c'est la proposition en général; et les diverses branches de cet arbre, sont les diverses espèces de propositions qui forment la matière de la syntaxe. (voir cet arbre à la page 52).

En traitant de la *proposition* nous avons dit que tous les mots qui la composaient, se rapportant naturellement au sujet et à l'attribut, pouvaient s'analyser logiquement et grammaticalement; nous avons plus tard donné des exemples d'analyse logique; il nous reste à montrer en peu de mots, comment se fait l'analyse grammaticale.

Le mot *analyse* opposé du mot *synthèse* (de *ana luô* décomposer), signifie : résolution d'un tout en ses parties.

Par l'analyse, l'intelligence travaille sur une phrase au moyen du raisonnement pour se rendre compte de tous les mots qu'elle renferme, comme le médecin dissèque un cadavre à l'aide du scalpel, pour connaître toutes les parties matérielles qui composent l'être humain.

Ceci admis, sans parler de l'importance de l'analyse généralement reconnue, proposons un moyen excessivement simple par lequel celui qui voudra analyser une phrase pourra le faire facilement, machinalement, pour-ainsi-dire, sans être exposé à omettre quelque chose d'essentiel.

On constate d'abord la *nature* du mot, sa *qualité;* puis le *genre,* le *nombre* s'il y en a , enfin la *fonction* que ce mot est appelé à remplir dans la phrase, ex ;

Livre, substantif, *nature,* — commun, *qualité,* — masculin, *genre,* — singulier, *nombre,* — sujet ou complément, *fonction.*

Si le mot à analyser est un verbe, on commence par dire la *personne*, puis le *nombre*, le *temps*, le *mode*, la *voix*, les *primitifs* et la *conjugaison*, ex :

Aime, troisième personne, *personne*, — singulier, *nombre*, — présent, *temps*, — indicatif, *mode*, — actif, *voix*, — aimer, ant, é, e, ai, *primitifs*, — première conjugaison, *conjugaison*.

Modèle d'analyse grammaticale.

L'amitié dure peu entre deux personnes rivales qui sont naturellement mauvaises.

L'amitié pour la amitié

La	art. fém. singul., dét. amitié.
amitié	subst. com., fém. singul., suj. de dure.
dure	trois. pers. singul., prés. indic., verbe neutre, de durer, ant, é, je dure, je durai, prem. conj.
peu	adverb., modifiant dure.
entre	préposition.
deux	adj. num· card. dét. personne.
personnes	subst. com. fém. plur., compl. de la préposit. entre.
rivales	adj. qual. qualifiant personnes.
qui	pour lesquelles, pron. rel. fém. plur., rappelant l'idée de personnes, suj. du verbe sont.
sont	trois. pers. pluriel., prés. ind. du v. aux. être, étant, été, je suis, je fus.
naturellement	adv mod. mauvaises.
mauvaises	adj. qual. fém. plur., qual. personnes.

De la prononciation.

Dans la première partie de ce travail nous avons parlé des dix mots, composant le discours, et de la manière de les écrire ; dans la seconde partie ou syntaxe, nous nous sommes occupés de la construction de ces mots dans la proposition ; il nous reste en finissant à mentionner le mode dont on les prononce et dont on les ponctue.

La *prononciation*, dit le père Buffier, est la manière d'articuler de vive voix les mots d'une langue qui sont représentés aux yeux par le moyen de l'écriture et de l'orthographe.... La bonne et saine prononciation n'est donc que le résumé de ces trois fonctions de l'intelligence : la *conversation*, la *déclamation* et la *lecture*.

Nous posons en principe que pour bien parler français, il ne faut pas avoir *d'accent*. Tous les peuples ont eu et ont encore leurs règles de grammaire et leur prosodie qui enseigne la juste mesure des syllabes ; nous aussi nous avons une prosodie qui régit de concert avec la grammaire notre manière de prononcer et qui condamne tous les *accents* introduits, soit par l'ignorance, l'excentricité, et l'usage des contrées opposées ; tels que l'accent parisien, l'accent du nord, l'accent du midi.

Dans la *déclamation*, chaque mot y est prononcé avec une sorte de modulation ; les syllabes longues y sont plus marquées, les brèves y sont articulées avec un soin qui donne à la prononciation plus de corps d'énergie et de rapidité.

La *déclamation* consiste principalement à appuyer d'avantage sur les syllabes des mots et à faire sentir les lettres finales quand le mot suivant commence par une voyelle ou par *h* non aspirée ; ce dernier point est surtout essentiel par rapport à l'*s* et l'*x* qui se trouvent à la fin des pluriels et au *t* de la troisième personne plurielle des verbes ; il n'en est pas de même de *n* terminant un mot, cette lettre ne se fait jamais sentir, excepté dans *examen*, *hymen*.

Les intonnations devront être plus élevées ou plus basses. plus fortes ou plus faibles suivant les différents mouvements de l'âme exprimés dans la composition; et les inflexions seront différentes dans l'*antithèse*, la *répétition* et l'*interrogation*.

La prononciation de la *lecture* doit être bien moins marquée que celle de la déclamation; on ne lit bien qu'en donnant à chaque syllabe sa véritable valeur, à chaque sentiment sa juste intonnation; aussi on ne doit pas lire comme on déclame. Dans la déclamation on est hors de soi, on est tout au mouvement qu'on éprouve et qu'on veut faire passer dans l'âme des autres; mais en lisant, on est ordinairement de sang froid, et quoiqu'on soit sous le poids de quelqu'émotion, cette émotion ne va pas jusqu'à nous le faire perdre; le ton de la lecture doit être soutenu, l'intonnation et l'inflexion sont moins marquées que dans la déclamation, mais elles existent toujours.

Pour ce qui regarde la prononciation dans la *conversation;* ne pas chanter et ne pas bredouiller en parlant; savoir prendre un ton doux et bas, animé ou calme; appliquer les principes de la *déclamation* et de la *lecture*, mais amoindris, diminués; enfin ne pas lier les consonnes finales des mots avec les voyelles commençant les mots suivants, voilà ce que l'usage admet et l'usage fait loi.

De la Ponctuation.

Ce mot du latin, *punctum*, *point*, exprime l'art d'indiquer dans l'écriture par des signes convenus, la proportion des poses que l'on doit faire en parlant, et de marquer la distinction des sens..... donc la ponctuation facilite la respiration dans la lecture, et le travail de l'intelligence pour comprendre.
Ces signes de convention sont au nombre de six :

1° La *virgule* (,) s'emploie *premièrement*, dans une proposition simple qui excède la portée commune de la respiration ; *secondement*, pour séparer les parties semblables d'une même proposition ex : l'argent, les titres, les honneurs, sont, etc.;

troisièmement, avant les propositions incidentes explicatives et les mots en apostrophe; *quatrièmement*, avant un verbe séparé de son sujet par une proposition incidente déterminative, ex : l'homme qui ne pense qu'à lui est un égoïste; *cinquièmement*, pour tenir lieu d'un verbe sous-entendu, ex : l'amour de la gloire meut les grandes âmes et l'amour de l'argent les âmes vulgaires.

2° Le *point et virgule* ou virgule ponctuée (;) s'emploie *premièrement*, pour séparer entr'elles les propositions semblables qui ont une certaine étendue; *secondement*, pour séparer les parties principales de toute énumération dont les parties subalternes exigent la virgule, ex : on distingue diverses races d'hommes : la race malaise qui etc. : la race nègre qui etc. ; la race blanche qui etc.

3° Les *deux points* (:) s'emploient *premièrement*, après une proposition qui annonce une citation; *secondement*, après une proposition qui éclaircit ou qui développe ce qui précède, ex :

Il faut autant qu'on peut obliger tout le monde:
On a souvent besoin d'un plus petit que soi.

4° Le *point simple* (.) se place après toutes les propositions, toutes les phrases qui ont un sens absolument terminé ou dont les rapports avec celles qui suivent sont vagues.

(.....) Plusieurs *points* placés de suite indiquent tantôt la suppression de quelques mots dans un passage cité, tantôt cette précipitation, ce désordre, cette interruption qu'occasionne dans le langage une passion profonde et violente qui ne s'exprime pour ainsi dire, que par accents entrecoupés par intervalles intermittents, ex : que vouliez-vous qu'il fît contre trois ? qu'il mourut.... et le fameux quos ego... de Virgile;

5° Le *point interrogatif* (?) se place à la fin d'une phrase où l'on interroge, ex : qui te l'a dit ?

6° Le *point exclamatif* se met à la fin d'une phrase qui marque la surprise, la terreur ou quelqu'émotion, ex : pardonnez-nous grand Dieu !

Le mot *alinéa* (composé de *a* et de *lineâ*) qui veut dire commencement de ligne a toujours le mot *commencement* sous entendu devant lui; on emploie le mot *alinéa* pour marquer la séparation des idées, ou le changement des matières ; cette séparation contribue à la netteté du discours et soulage l'attention en lui offrant des repos de distance en distance.

FIN.

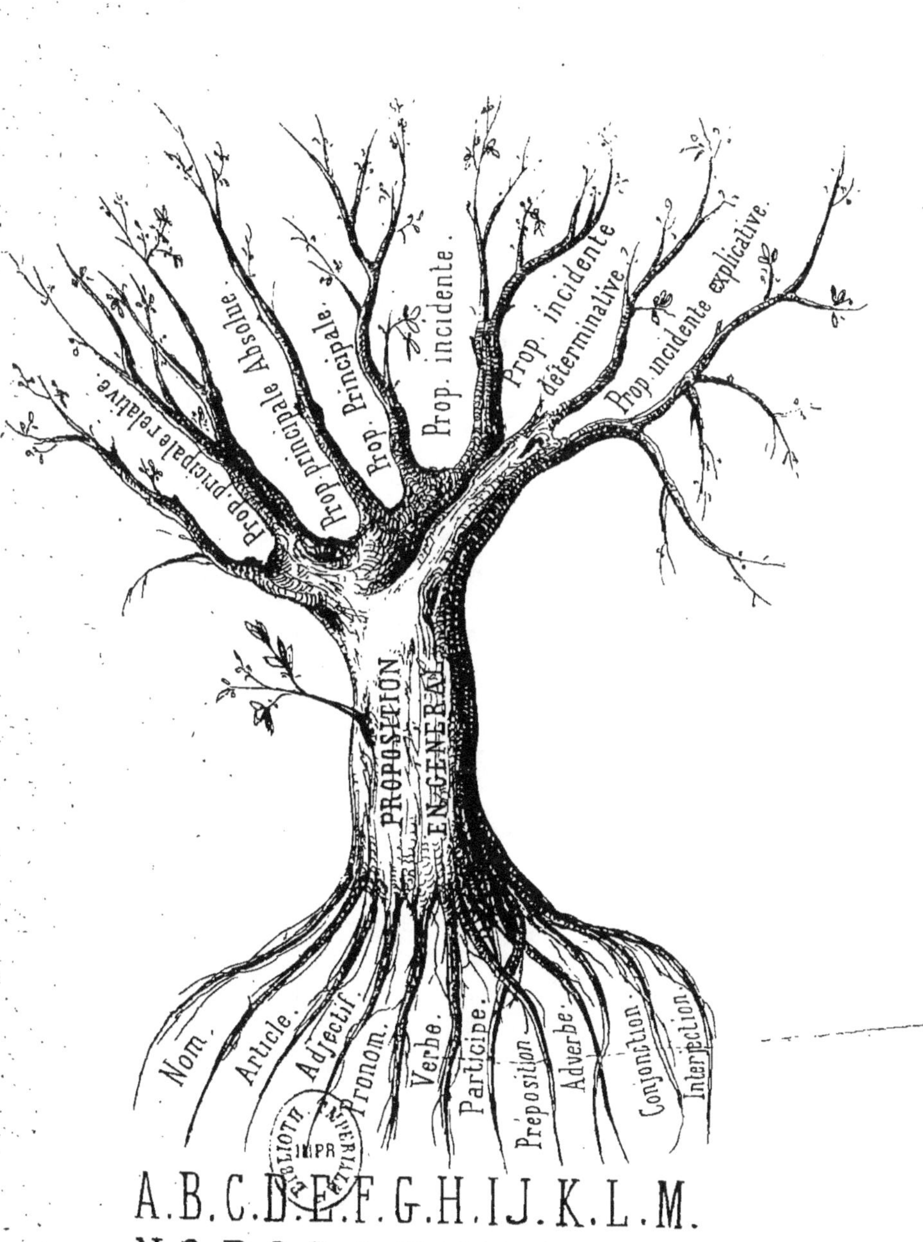
Prop. pricipale relative.
Prop. principale Absolue.
Prop. Principale.
Prop. incidente.
Prop. incidente déterminative.
Prop. incidente explicative.
PROPOSITION
EN GÉNÉRAL
Nom.
Article.
Adjectif.
Pronom.
Verbe.
Participe.
Préposition.
Adverbe.
Conjonction.
Interjection.
A.B.C.D.E.F.G.H.I.J.K.L.M.
N.O.P.Q.R.S.T.U.V.X.Y.Z.

TABLE DES MATIÈRES.

www.ingramcontent.com/pod-product-compliance
Lightning Source LLC
LaVergne TN
LVHW010100230826
846091LV00005B/2026

* 9 7 8 2 0 1 1 2 9 1 8 7 5 *